AF239979

Impressum
Verlag: BABADADA GmbH, Nedderfeld 112 , 22529 Hamburg
Geschäftsführer / Verlagsleitung: Harald Hof
Druck: Books on Demand GmbH, In de Tarpen 42, 22848 Norderstedt

Imprint
Publisher: BABADADA GmbH, Nedderfeld 112 , 22529 Hamburg, Germany
Managing Director / Publishing direction: Harald Hof
Print: Books on Demand GmbH, In de Tarpen 42, 22848 Norderstedt

école
l'école

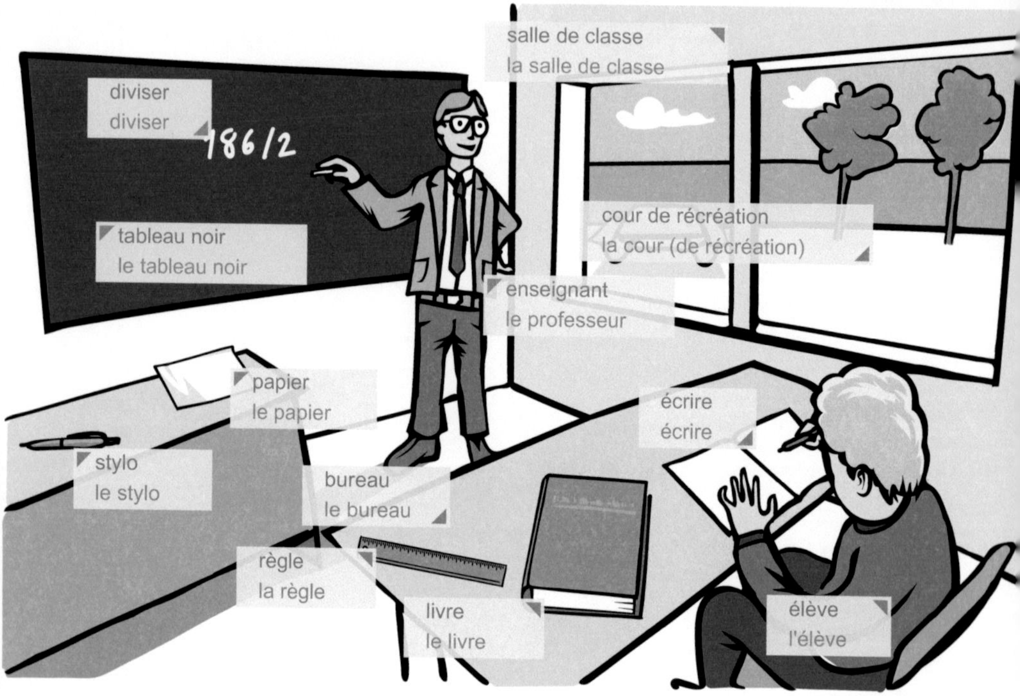

salle de classe
la salle de classe
diviser
diviser
186/2
tableau noir
le tableau noir
cour de récréation
la cour (de récréation)
enseignant
le professeur
papier
le papier
écrire
écrire
stylo
le stylo
bureau
le bureau
règle
la règle
livre
le livre
élève
l'élève

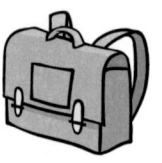

sac d'école

le cartable

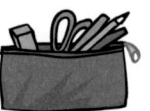

trousse

la trousse

crayon

le crayon

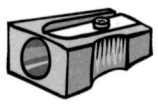

taille-crayon

le taille-crayon

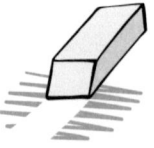

gomme

la gomme

carnet à dessin

le carnet à dessin

dessin

le dessin

pinceau

le pinceau

boîte de peinture

la boîte de peinture

ciseaux

les ciseaux

colle

la colle

cahier d'exercices

le cahier d'exercices

tâches

les devoirs

chiffre

le chiffre

additionner

additionner

soustraire

soustraire

multiplier

multiplier

calculer

calculer

lettre

la lettre

alphabet

l'alphabet

mot

le mot

texte

le texte

lire

lire

craie

la craie

leçon

la leçon

livre de classe

le livre de classe

examen

l'examen

certificat

le certificat

uniforme scolaire

l'uniforme scolaire

formation

la formation

lexique

le lexique

université

l'université

microscope

le microscope

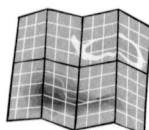

carte

la carte

corbeille à papier

la corbeille à papier

école - l'école

voyage

le voyage

hôtel
l'hôtel
Grand
auberge
l'auberge
ROOMS
bureau de change
le bureau de change
CHANGE
valise
la valise
voiture
la voiture

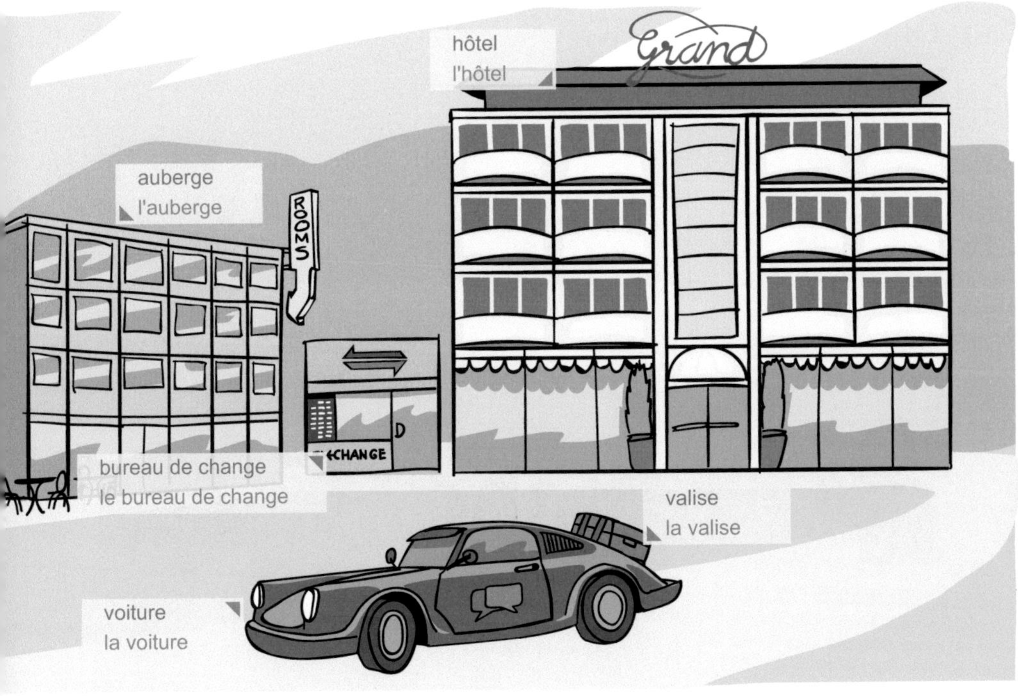

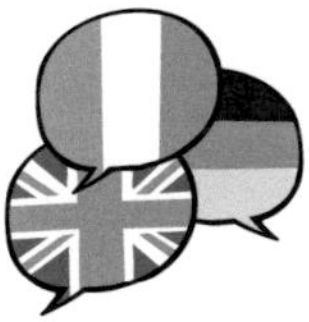

langue
la langue

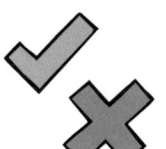

oui / non
oui / non

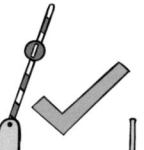

d'accord
d'accord

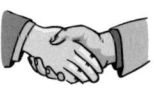

Salut
Salut

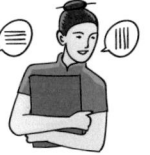

interprète
l'interprète

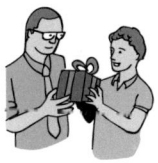

merci
merci

Combien coûte...?

Combien coûte...?

Je ne comprends pas

Je ne comprends pas

problème

le problème

Bonsoir!

Bonsoir !

Bonjour!

Bonjour !

Bonne nuit!

Bonne nuit !

Au revoir

Au revoir

direction

la direction

bagages

les bagages

sac

le sac

sac-à-dos

le sac-à-dos

hôte

l'hôte

pièce

la pièce

sac de couchage

le sac de couchage

tente

la tente

office de tourisme

l'office de tourisme

plage

la plage

carte de crédit

la carte de crédit

petit-déjeuner

le petit-déjeuner

déjeuner

le déjeuner

dîner

le dîner

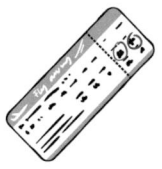

billet

le billet

ascenseur

l'ascenseur

timbre

le timbre

frontière

la frontière

douane

la douane

ambassade

l'ambassade

visa

le visa

passeport

le passeport

transport
le transport

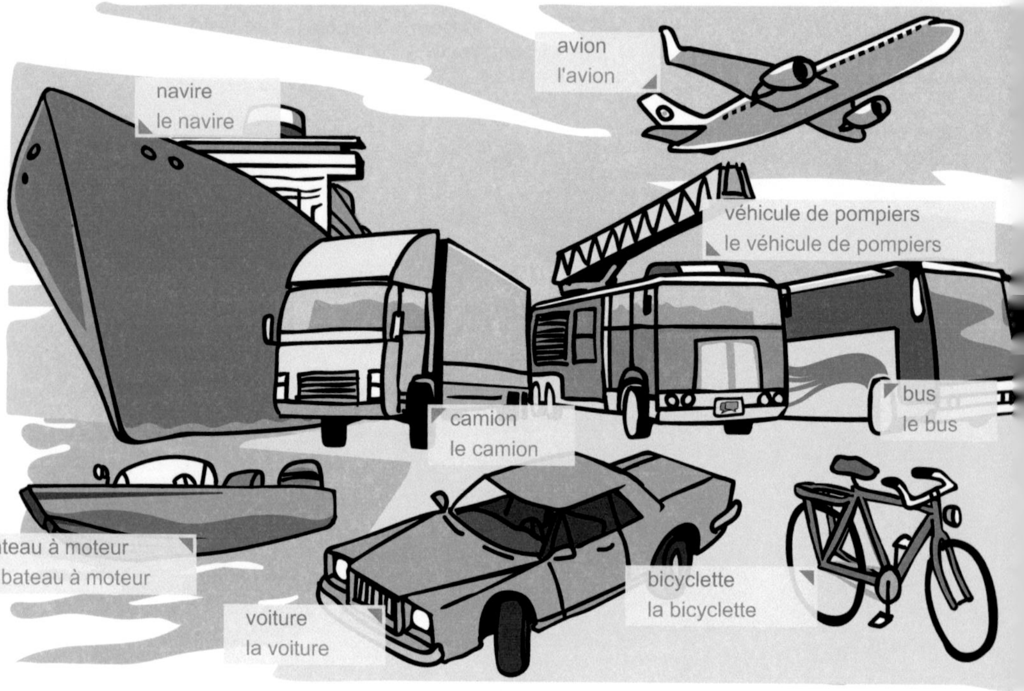

avion
l'avion
navire
le navire
véhicule de pompiers
le véhicule de pompiers
camion
le camion
bus
le bus
ateau à moteur
bateau à moteur
bicyclette
la bicyclette
voiture
la voiture

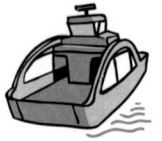

ferry

le ferry

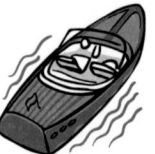

barque

la barque

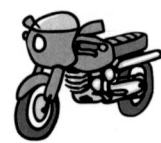

moto

la moto

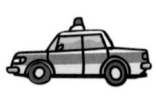

voiture de police

la voiture de police

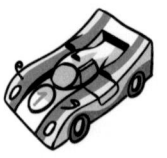

voiture de course

la voiture de course

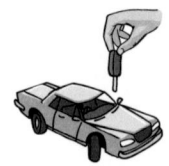

voiture de location

la voiture de location

autopartage

l'auto-partage

dépanneuse

la voiture de remorquage

benne à ordures

la benne à ordures

moteur

le moteur

essence

l'essence

station d'essence

la station d'essence

panneau indicateur

le panneau indicateur

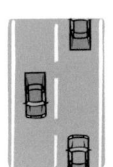

trafic

le trafic

embouteillage

l'embouteillage

parking

le parking

gare

la gare

rails

les rails

train

le train

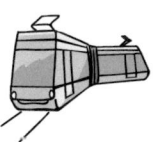

tram

le tramway

wagon

le wagon

hélicoptère

l'hélicoptère

aéroport

l'aéroport

tour

la tour

passager

le passager

container

le conteneur

carton

le carton

chariot

le chariot

corbeille

la corbeille

décoller / atterrir

décoller / atterrir

ville

la ville

village

le village

centre-ville

le centre-ville

maison

la maison

cinéma
le cinéma

publicité
la publicité

réverbère
le réverbère

rue
la rue

taxi
le taxi

kiosque
le kiosque

piéton
le piéton

trottoir
le trottoir

passage piéton
le passage piéton

poubelle
la poubelle

carrefour
le carrefour

feux de circulation
les feux de circulation

cabane
la cabane

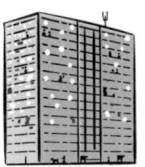

appartement
l'appartement

gare
la gare

mairie
la mairie

musée
le musée

école
l'école

ville - la ville

université

l'université

banque

la banque

hôpital

l'hôpital

hôtel

l'hôtel

pharmacie

la pharmacie

bureau

le bureau

librairie

la librairie

magasin

le magasin

fleuriste

le fleuriste

supermarché

le supermarché

marché

le marché

grand magasin

le grand magasin

poissonnerie

la poissonnerie

centre commercial

le centre commercial

port

le port

parc

le parc

banque

la banque

pont

le pont

escaliers

les escaliers

métro

le métro

tunnel

le tunnel

arrêt de bus

l'arrêt de bus

bar

le bar

restaurant

le restaurant

boîte à lettres

la boîte à lettres

panneau indicateur

le panneau indicateur

parcomètre

le parcmètre

zoo

le zoo

réverbère

le réverbère

mosquée

la mosquée

ville - la ville

ferme

la ferme

pollution

la pollution

cimetière

la cimetière

église

l'église

aire de jeux

l'aire de jeux

temple

le temple

paysage
le paysage

feuille
la feuille

panneau indicateur
le panneau indicateur

chemin
le chemin

pré
le pré

pierre
la pierre

randonneur
le randonneur

arbre
l'arbre

rivière
la rivière

herbe
l'herbe

fleur
la fleur

vallée

la vallée

montagne

la montagne

lac

le lac

forêt

la forêt

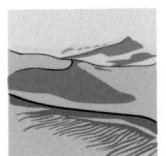

désert

le désert

volcan

le volcan

château

le château

arc-en-ciel

l'arc-en-ciel

champignon

le champignon

palmier

le palmier

moustique

le moustique

mouche

la mouche

fourmis

les fourmis

abeille

l'abeille

araignée

l'araignée

scarabée

le coléoptère

grenouille

la grenouille

écureuil

l'écureuil

hérisson

le hérisson

lapin

le lièvre

chouette

la chouette

oiseau

l'oiseau

cygne

le cygne

sanglier

le sanglier

cerf

le cerf

élan

l'élan

barrage

le barrage

éolienne

l'éolienne

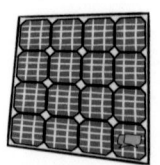

panneau solaire

le panneau solaire

climat

le climat

restaurant
le restaurant

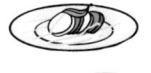

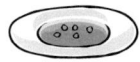

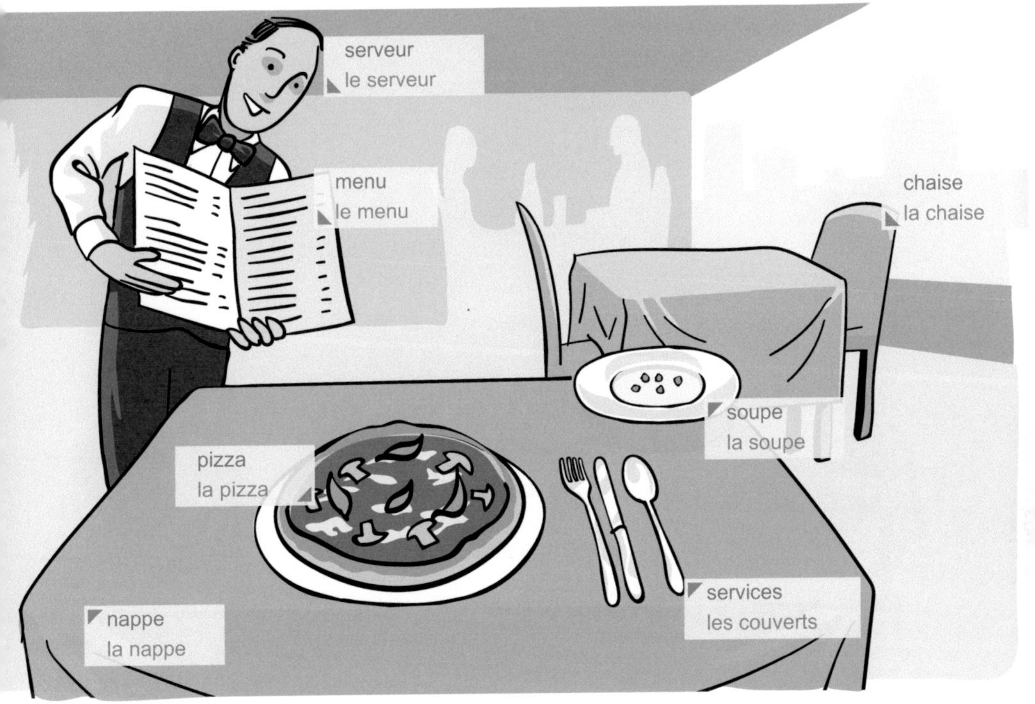
serveur
le serveur
menu
le menu
chaise
la chaise
soupe
la soupe
pizza
la pizza
services
les couverts
nappe
la nappe

hors d'œuvre

les hors d'œuvre

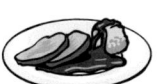

plat principal

le plat principal

dessert

le dessert

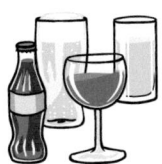

boissons

les boissons

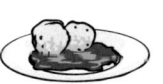

alimentation

l'alimentation

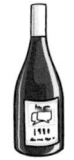

bouteille

la bouteille

fast-food

le fast-food

plats à emporter

les plats à emporter

théière

la théière

sucrier

le sucrier

portion

la portion

machine à expresso

la machine à expresso

chaise haute

la chaise haute

facture

la facture

plateau

le plateau

couteau

le couteau

fourchette

la fourchette

cuillère

la cuillère

cuillère à thé

la cuillère à thé

serviette

la serviette

verre

le verre

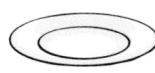

assiette

l'assiette

assiette à soupe

l'assiette à soupe

soucoupe

la soucoupe

sauce

la sauce

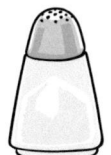

salière

la salière

moulin à poivre

le moulin à poivre

vinaigre

le vinaigre

huile

l'huile

épices

les épices

ketchup

le ketchup

moutarde

la moutarde

mayonnaise

la mayonnaise

le supermarché

offre promotionnelle
l'offre promotionnelle
FOR
client
le client
produits laitiers
les produits laitiers
fruits
les fruits
caddie
le chariot

BUTCHERS

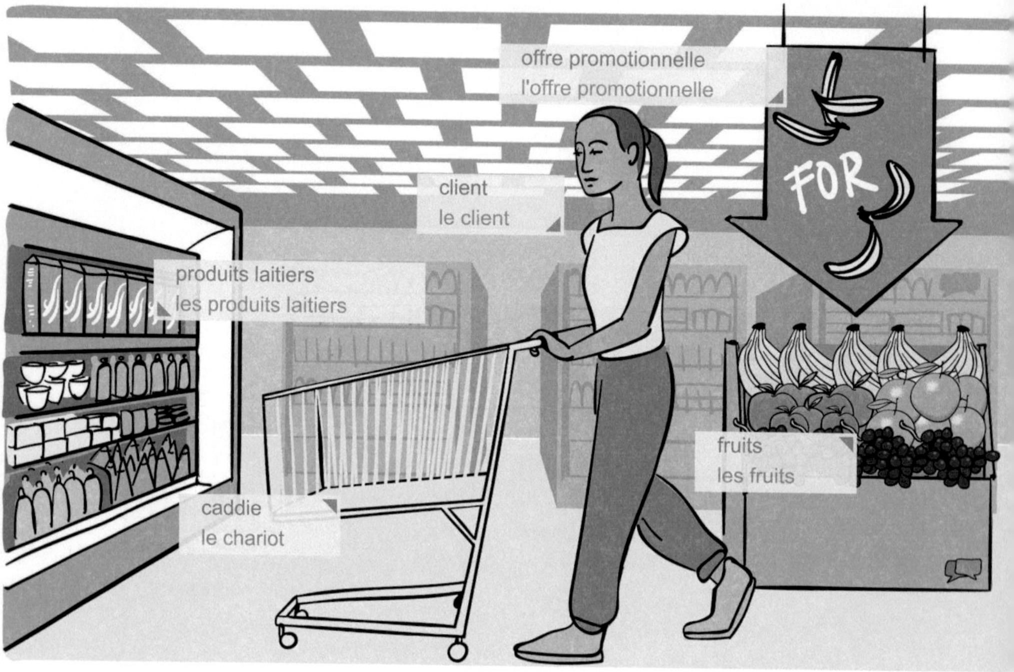

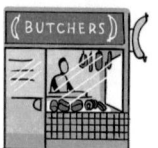

boucherie

la boucherie

BAKERY

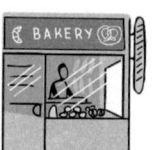

boulangerie

la boulangerie

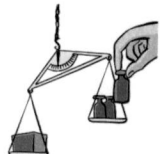

peser

peser

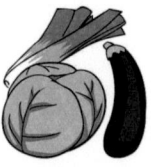

légumes

les légumes

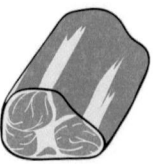

viande

la viande

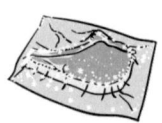

aliments surgelés

les aliments surgelés

charcuterie

la charcuterie

conserves

les conserves

poudre à lessive

la poudre à lessive

bonbons

les bonbons

articménagers

les articles ménagers

détergents

les détergents

vendeuse

la vendeuse

caisse

la caisse

caissier

le caissier

liste d'achats

la liste d'achats

heures d'ouverture

les heures d'ouverture

portefeuille

le portefeuille

carte de crédit

la carte de crédit

sac

le sac

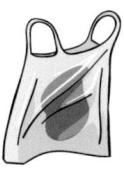

sac en plastique

le sac en plastique

eau

l'eau

jus de fruit

le jus de fruit

lait

le lait

coca

le coca

vin

le vin

bière

la bière

alcool

l'alcool

chocolat chaud

le chocolat chaud

thé

le thé

café

le café

expresso

l'expresso

cappuccino

le cappuccino

banane

la banane

pomme

la pomme

orange

l'orange

melon

le melon

citron

le citron.

carotte

la carotte

ail

l'ail

bambou

le bambou

oignon

l'oignon

champignon

le champignon

noisettes

les noisettes

pâtes

les pâtes

spaghettis

les spaghetti

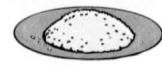

riz

le riz

salade

la salade

frites

les pommes frites

pommes de terre rôties

les pommes de terre rôties

pizza

la pizza

hamburger

le hamburger

sandwich

le sandwich

escalope

l'escalope

jambon

le jambon

salami

le salami

saucisse

la saucisse

poulet

le poulet

rôti

le rôti

poisson

le poisson

flocons d'avoine
les flocons d'avoine

muesli
le muesli

cornflakes
les cornflakes

farine
la farine

croissant
le croissant

petits-pains
les petits-pains

pain
le pain

pain grillé
le pain grillé

biscuits
les biscuits

beurre
le beurre

fromage blanc
le fromage blanc

gâteau
le gâteau

œuf
l'œuf

œuf au plat
l'œuf au plat

fromage
le fromage

glace

la glace

sucre

le sucre

miel

le miel

confiture

la confiture

crème nougat

la crème nougat

curry

le curry

ferme
la ferme

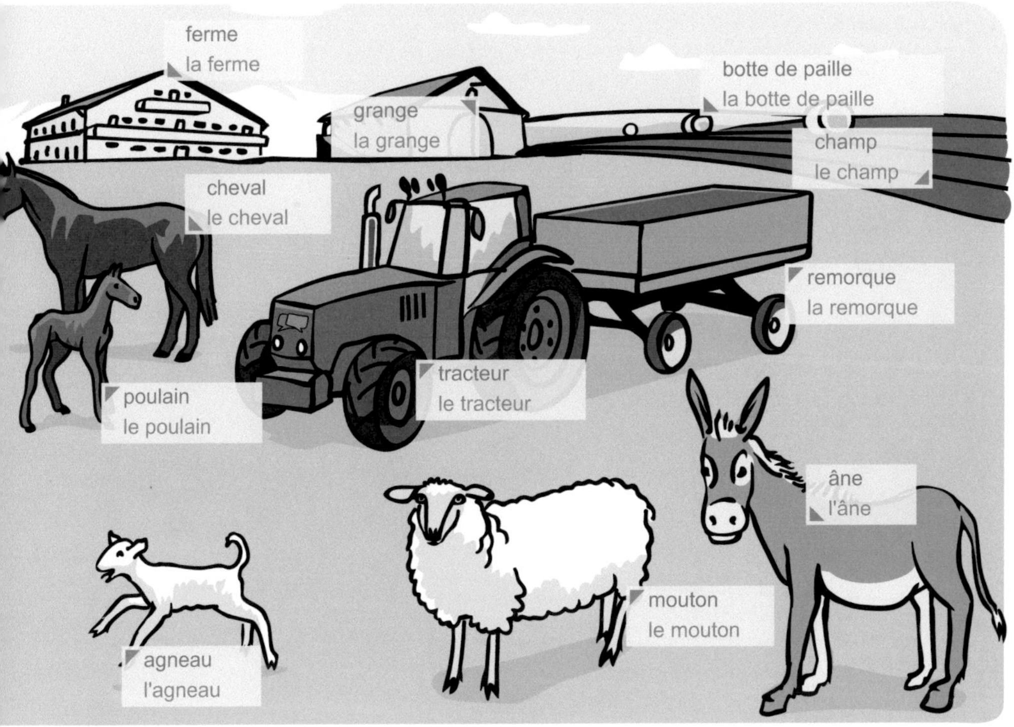
ferme
la ferme
botte de paille
la botte de paille
grange
la grange
champ
le champ
cheval
le cheval
remorque
la remorque
tracteur
le tracteur
poulain
le poulain
âne
l'âne
mouton
le mouton
agneau
l'agneau

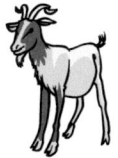

chèvre

la chèvre

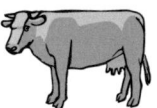

vache

la vache

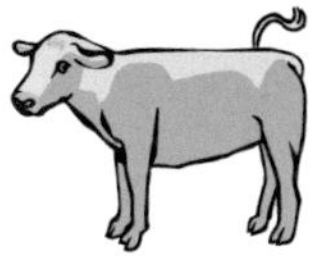

veau

le veau

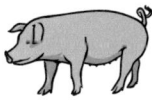

porc

le porc

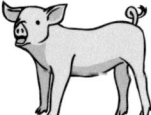

porcelet

le porcelet

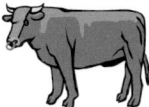

taureau

le taureau

oie

l'oie

canard

le canard

poussin

le poussin

poule

la poule

coq

le coq

rat

le rat

chat

le chat

souris

la souris

bœuf

le bœuf

chien

le chien

chenil

le chenil

tuyau de jardin

le tuyau de jardin

arrosoir

l'arrosoir

faucheuse

la faucheuse

charrue

la charrue

faucille

la faucille

pioche

la pioche

fourche

la fourche

hache

la hache

brouette

la brouette

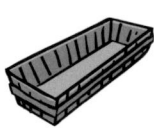

cuve

la cuve

pot à lait

le pot à lait

sac

le sac

clôture

la clôture

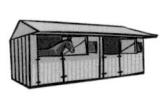

étable

l'étable

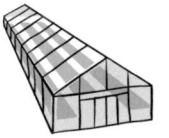

serre

le serre

sol

le sol

semences

les semences

engrais

l'engrais

moissonneuse-batteuse

la moissonneuse-batteuse

récolter
récolter

récolte
la récolte

igname
l'igname

blé
le blé

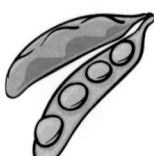

soja
le soja

pomme de terre
la pomme de terre

maïs
le maïs

colza
le colza

arbre fruitier
l'arbre fruitier

manioc
le manioc

céréales
les céréales

la maison

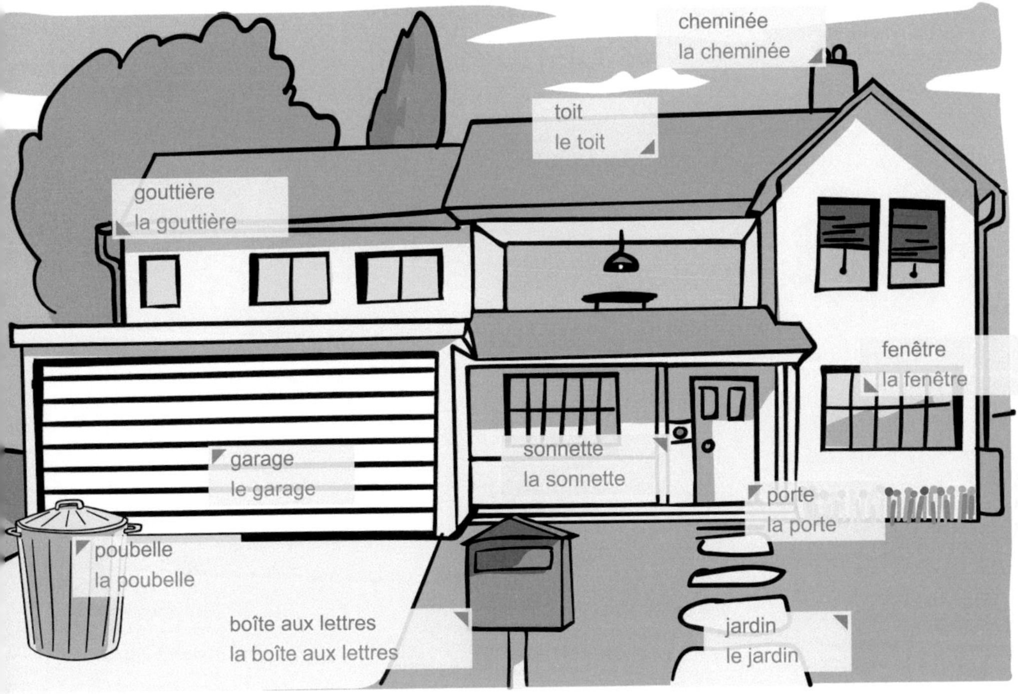
cheminée
la cheminée
toit
le toit
gouttière
la gouttière
fenêtre
la fenêtre
sonnette
la sonnette
garage
le garage
porte
la porte
poubelle
la poubelle
boîte aux lettres
la boîte aux lettres
jardin
le jardin

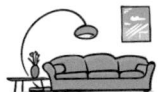

salon

le salon

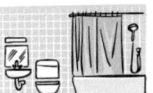

chambre de bain

la salle de bain

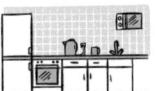

cuisine

la cuisine

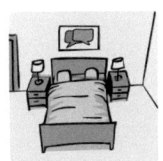

chambre à coucher

la chambre à coucher

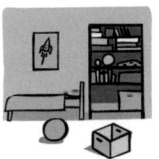

chambre d'enfant

la chambre d'enfant

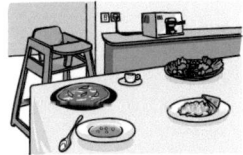

salle à manger

la salle à manger

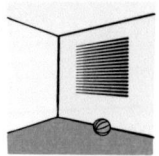

sol
le sol

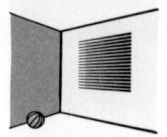

mur
le mur

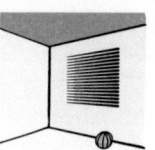

plafond
le plafond

cave
la cave

sauna
le sauna

balcon
le balcon

terrasse
la terrasse

piscine
la piscine

tondeuse à gazon
la tondeuse à gazon

fourre de duvet
la housse

couette
la couette

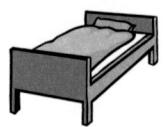

lit
le lit

balai
le balai

sceau
le sceau

interrupteur
l'interrupteur

salon

le salon

papier peint
le papier peint
image
l'image
lampe
la lampe
étagère
l'étagère
armoire
l'armoire
télé
la télé
cheminée
la cheminée
fleur
la fleur
coussin
le coussin
canapé
le sofa
vase
le vase
télécommande
la télécommande

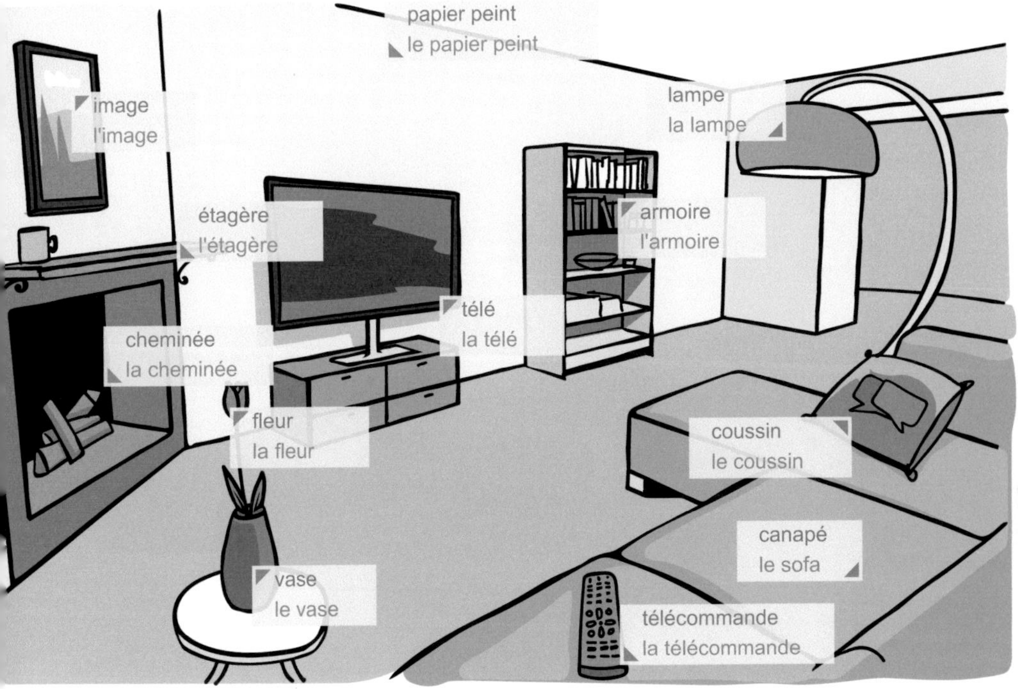

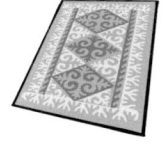

tapis

le tapis

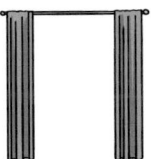

rideau

le rideau

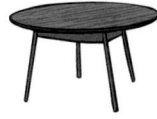

table

la table

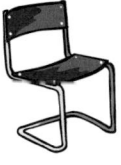

chaise

la chaise

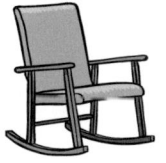

chaise à bascule

la chaise à bascule

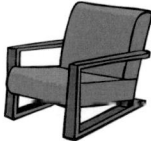

fauteuil

le fauteuil

livre

le livre

couverture

la couverture

décoration

la décoration

bois de chauffage

le bois de chauffage

film

le film

chaîne hi-fi

la chaîne hi-fi

clé

la clé

journal

le journal

peinture

la peinture

poster

le poster

radio

la radio

bloc-notes

le bloc-notes

aspirateur

l'aspirateur

cactus

le cactus

bougie

la bougie

cuisine

la cuisine

frigo
le réfrigérateur
four à micro-ondes
le four à micro-ondes
balance de cuisine
la balance de cuisine
toasteur
le grille-pain
détergent
le détergent
four
le four
compartiment congélateur
le compartiment congélateur
poubelle
la poubelle
lave-vaisselle
le lave-vaisselle

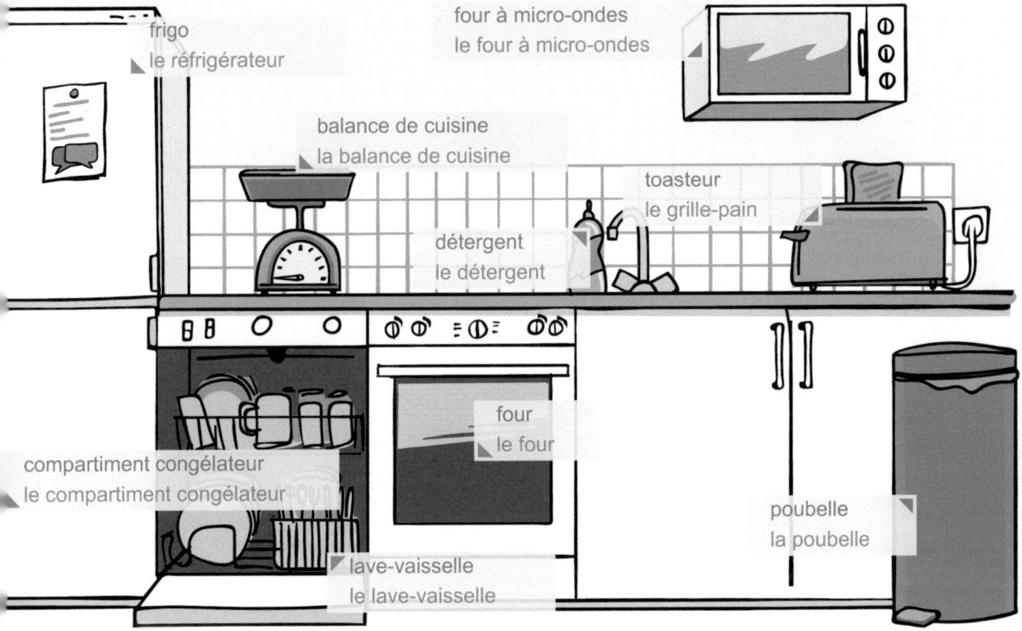

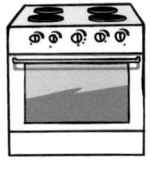

four

le four

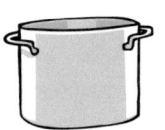

casserole

la casserole

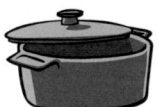

marmite

la marmite

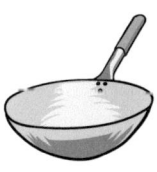

wok/kadai

le wok / kadai

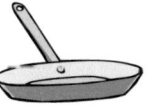

poêle

la poêle

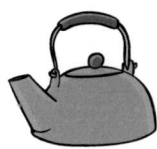

bouilloire électrique

la bouilloire electrique

cuiseur vapeur

le cuiseur vapeur

plaque de cuisson

la plaque de cuisson

vaisselle

la vaisselle

gobelet

le gobelet

bol

la coupe

baguettes

les baguettes

louche

la louche

spatule

la spatule

fouet

le fouet

passoire

la passoire

tamis

le tamis

râpe

la râpe

mortier

le mortier

barbecue

le barbecue

cheminée

la cheminée

planche à découper
....
la planche à découper

rouleau à pâtisserie
....
le rouleau à pâtisserie

tire-bouchon
....
le tire-bouchon

boîte
....
la boîte

ouvre-boîte
....
l'ouvre-boîte

maniques
....
les maniques

lavabo
....
le lavabo

brosse
....
la brosse

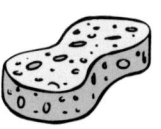

éponge
....
l'éponge

mixeur
....
le mixeur

congélateur
....
le congélateur

biberon
....
le biberon

robinet
....
le robinet

chambre de bain

la salle de bain

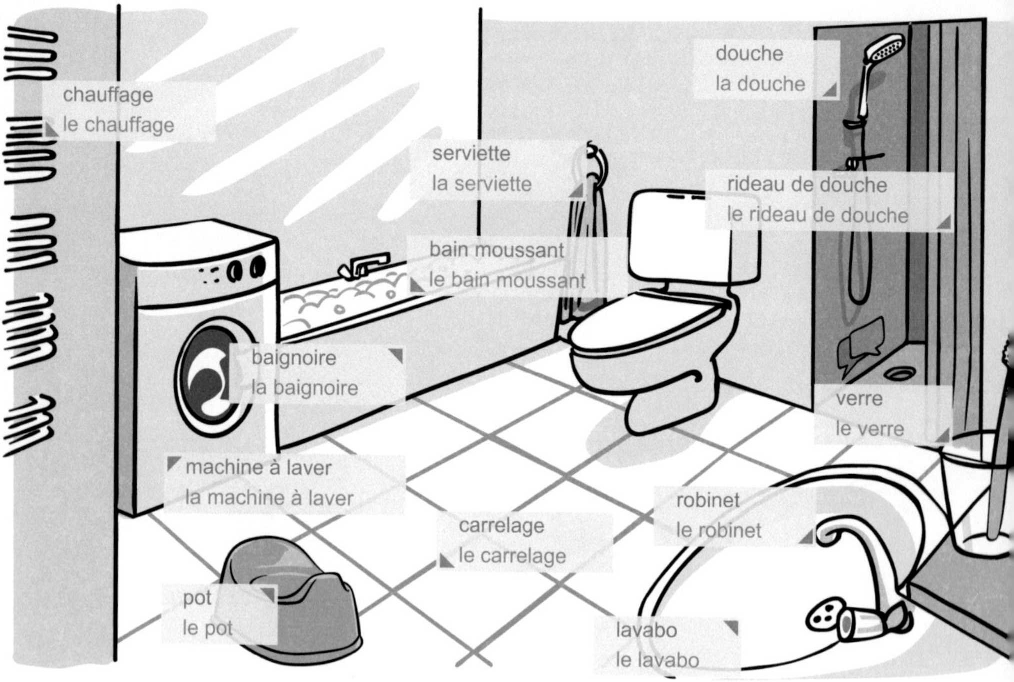
chauffage
le chauffage
douche
la douche
serviette
la serviette
rideau de douche
le rideau de douche
bain moussant
le bain moussant
baignoire
la baignoire
verre
le verre
machine à laver
la machine à laver
robinet
le robinet
carrelage
le carrelage
pot
le pot
lavabo
le lavabo

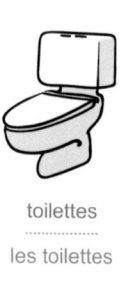

toilettes

les toilettes

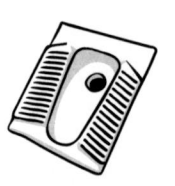

toilette à turque

la toilette à la turque

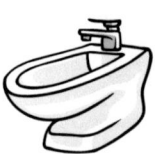

bidet

le bidet

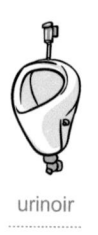

urinoir

l'urinoir

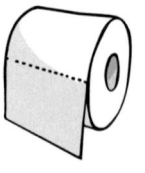

papier toilette

le papier toilette

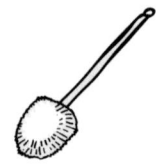

brosse à toilette

la brosse à toilette

brosse à dents

la brosse à dents

dentifrice

le dentifrice

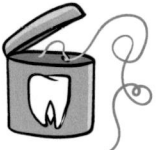

fil dentaire

le fil dentaire

laver

laver

douche manuelle

la douche manuelle

douche intime

la douche intime

vasque

la vasque

brosse dorsale

la brosse dorsale

savon

le savon

gel douche

le gel douche

shampooing

le shampooing

gant de toilette

le gant de toilette

écoulement

l'écoulement

crème

la crème

déodorant

le déodorant

miroir
....
le miroir

miroir cosmétique
....
le miroir cosmétique

rasoir
....
le rasoir

mousse à raser
....
la mousse à raser

après-rasage
....
l'après-rasage

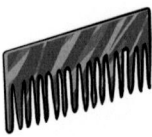

peigne
....
la peigne

brosse
....
la brosse

sèche-cheveux
....
le sèche-cheveux

laque pour cheveux
....
la laque pour cheveux

fond de teint
....
le fond de teint

rouge à lèvres
....
le rouge à lèvres

vernis à ongles
....
le vernis à ongles

ouate
....
l'ouate

coupe-ongles
....
le coupe-ongles

parfum
....
le parfum

trousse de toilette

la trousse de toilette

tabouret

le tabouret

balance

le pèse-personne

peignoir

le peignoir

gants de nettoyage

les gants de nettoyage

tampon

le tampon

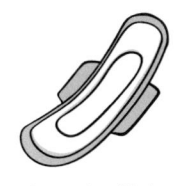

serviettes hygiéniques

es serviettes hygiéniques

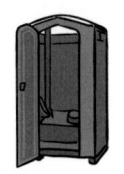

toilette chimique

la toilette chimique

chambre d'enfant
la chambre d'enfant

réveil
le réveil
doudou
le doudou
voiture jouet
la voiture jouet
hochet
le hochet
maison de poupée
la maison de poupée
cadeau
le cadeau

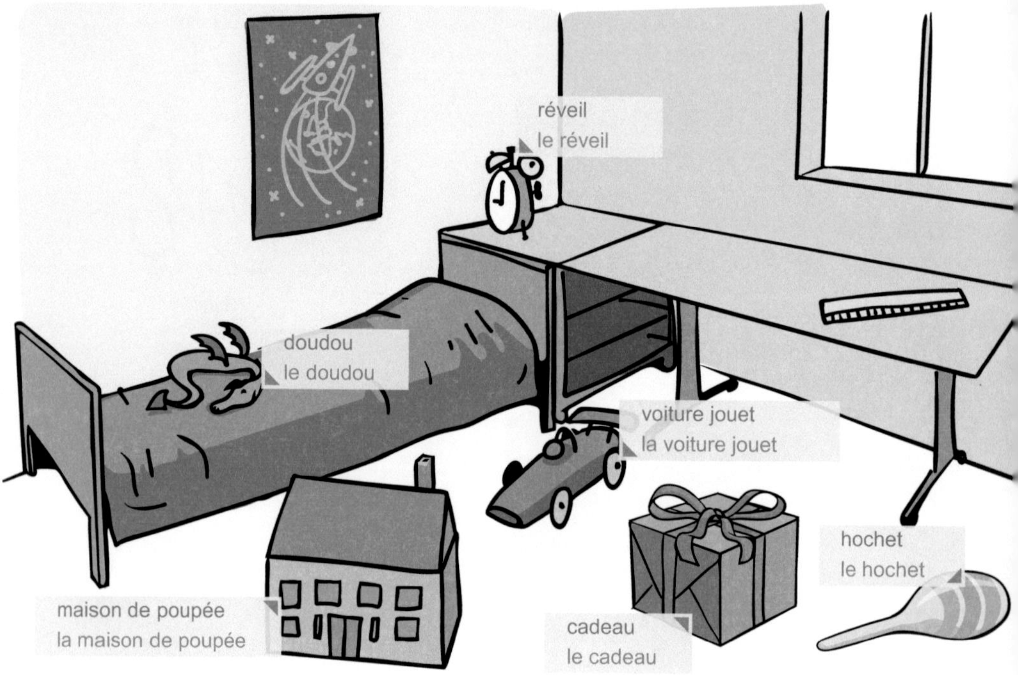

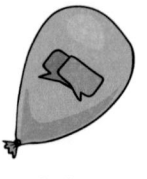

ballon

le ballon

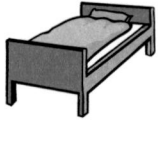

lit

le lit

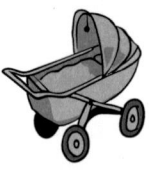

poussette

la poussette

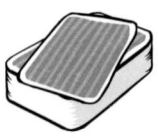

jeu de cartes

le jeu de cartes

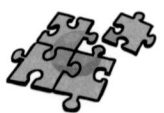

puzzle

le puzzle

SUPER
MEGA

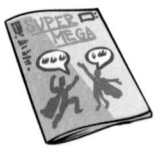

bande dessinée

la bande dessinée

pièces lego
les pièces lego

blocs de construction
les blocs de construction

figurine
la figurine

grenouillère
la grenouillère

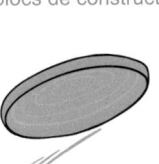

frisbee
le frisbee

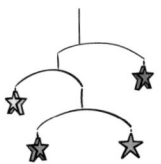

mobile
le mobile

jeu de société
le jeu de société

dé
le dé

train miniature
le train miniature

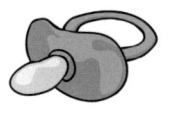

sucette
la sucette

fête
la fête

livre d'images
le livre d'images

balle
la balle

poupée
la poupée

jouer
jouer

bac à sable
....
le bac à sable

balançoire
....
la balançoire

jouets
....
les jouets

console de jeu
....
la console de jeu

tricycle
....
le tricycle

ours en peluche
....
l'ours en peluche

armoire
....
l'armoire

vêtements

les vêtements

chaussettes
....
les chaussettes

bas
....
les bas

collant
....
le collant

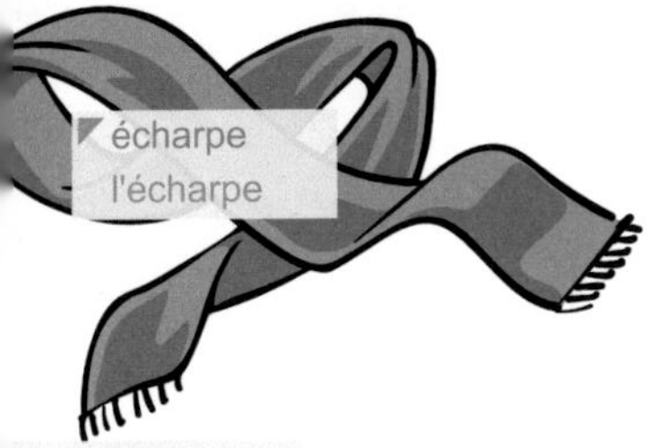

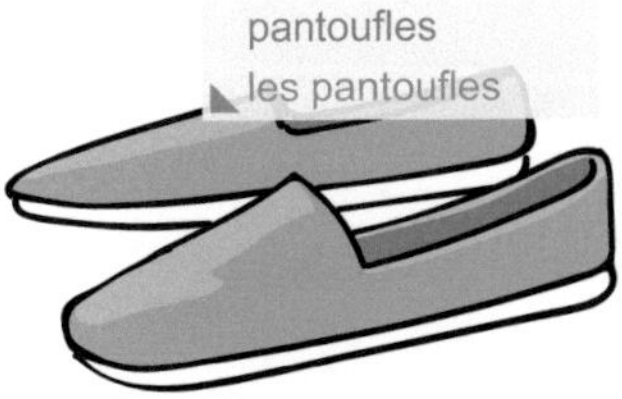

écharpe
l'écharpe

parapluie
le parapluie

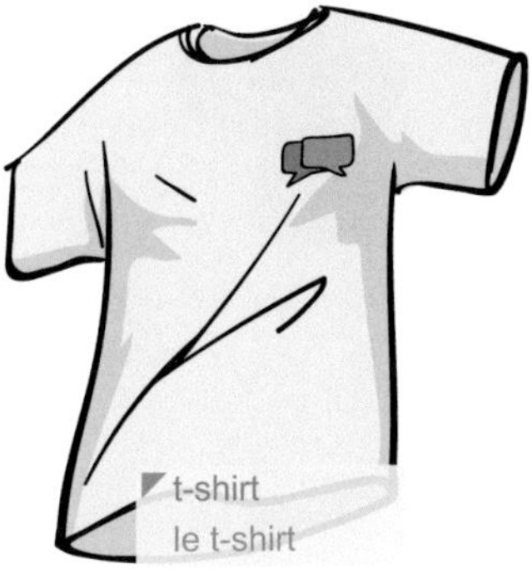

t-shirt
le t-shirt

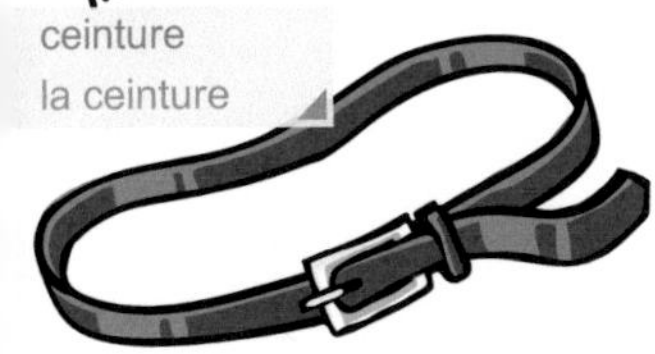

ceinture
la ceinture

bottes
les bottes

pantoufles
les pantoufles

baskets
les baskets

sandales
les sandales

chaussures
les chaussures

bottes de caoutchouc
les bottes de caoutchouc

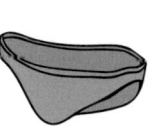

linge de corps
les sous-vêtements

soutien-gorge
le soutien-gorge

maillot de corps
le maillot de corps

body

le body

pantalon

le pantalon

jean

le jean

jupe

la jupe

chemisier

le chemisier

chemise

la chemise

pull

le pull

pull-over à capuche

le sweat à capuche

veste

la veste

veste

la veste

manteau

le manteau

imperméable

l'imperméable

costume

le costume

robe

la robe

robe de mariée

la robe de mariée

costume

le costume

chemise de nuit

la chemise de nuit

pyjama

le pyjama

sari

le sari

foulard

le foulard

turban

le turban

burqa

la burqa

caftan

le caftan

abaya

l'abaya

maillot de bain

le maillot de bain

costume de bain

le maillot de bain

cuissettes

le short

tenue d'entraînement

la tenue d'entraînement

tablier

le tablier

gants

les gants

bouton

le bouton

lunettes

les lunettes

bracelet

le bracelet

collier

le collier

bague

la bague

boucle d'oreille

la boucle d'oreille

bonnet

le bonnet

cintre

le cintre

chapeau

le chapeau

cravate

la cravate

fermeture éclair

la fermeture éclair

casque

le casque

bretelles

les bretelles

uniforme scolaire

l'uniforme scolaire

uniforme

l'uniforme

bavoir
·············
le bavoir

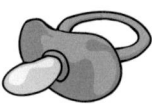

sucette
·············
la sucette

couche
·············
la lange

bureau

le bureau

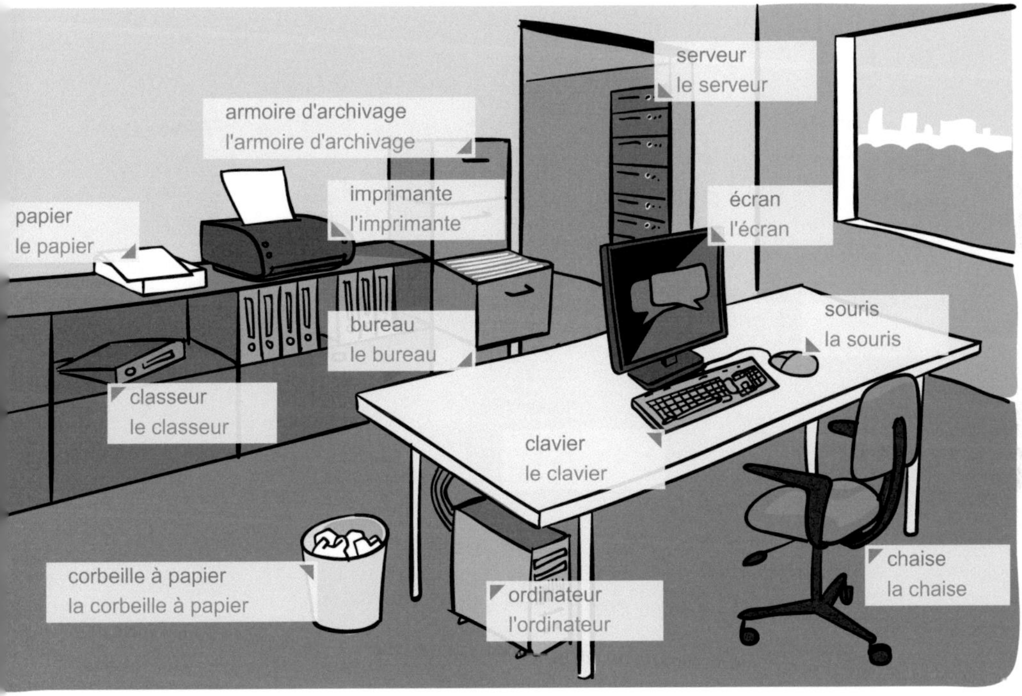

serveur
le serveur

armoire d'archivage
l'armoire d'archivage

imprimante
l'imprimante

écran
l'écran

papier
le papier

bureau
le bureau

souris
la souris

classeur
le classeur

clavier
le clavier

corbeille à papier
la corbeille à papier

ordinateur
l'ordinateur

chaise
la chaise

tasse à café
·············
la tasse de café

calculatrice
·············
la calculatrice

internet
·············
l'internet

ordinateur portable

l'ordinateur portable

lettre

la lettre

message

le message

portable

le portable

réseau

le réseau

photocopieuse

la photocopieuse

logiciel

le logiciel

téléphone

le téléphone

prise

la prise

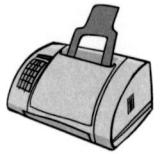

fax

le fax

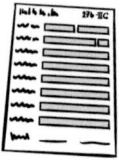

formulaire

le formulaire

document

le document

acheter
acheter

payer
payer

marchander
faire du commerce

monnaie
la monnaie

dollar
le dollar

euro
l'euro

yen
le yen

rouble
le rouble

franc suisse
le franc suisse

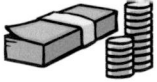

renminbi yuan
le renminbi yuan

roupie
la roupie

distributeur automatique
le distributeur automatique

bureau de change

le bureau de change

or

l'or

argent

l'argent

pétrole

le pétrole

énergie

l'énergie

prix

le prix

contrat

le contrat

taxe

la taxe

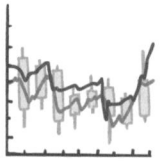

action

l'action

travailler

travailler

employé

l'employé

employeur

l'employeur

usine

l'usine

magasin

le magasin

agent de police
l'agent de police

pompier
le pompier

cuisinier
le cuisinier

médecin
le médecin

pilote
le pilote

jardinier
le jardinier

menuisier
le menuisier

couturière
la couturière

juge
le juge

chimiste
le chimiste

acteur
l'acteur

conducteur de bus

le conducteur de bus

chauffeur de taxi

le chauffeur de taxi

pêcheur

le pêcheur

femme de ménage

la femme de ménage

couvreur

le couvreur

serveur

le serveur

chasseur

le chasseur

peintre

le peintre

boulanger

le boulanger

électricien

l'électricien

ouvrier

l'ouvrier

ingénieur

l'ingénieur

boucher

le boucher

plombier

le plombier

facteur

le facteur

soldat

le soldat

architecte

l'architecte

caissier

le caissier

fleuriste

le fleuriste

coiffeur

le coiffeur

contrôleur

le contrôleur

mécanicien

le mécanicien

capitaine

le capitaine

dentiste

le dentiste

scientifique

le scientifique

rabbin

le rabbin

imam

l'imam

moine

le moine

prêtre

le prêtre

les outils

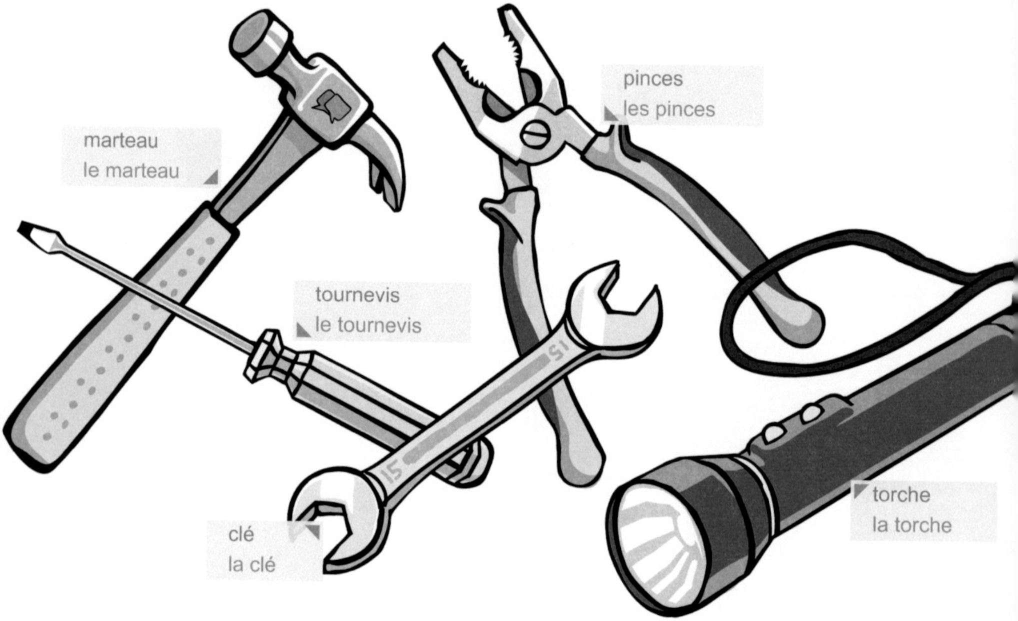

marteau
le marteau
pinces
les pinces
tournevis
le tournevis
clé
la clé
torche
la torche

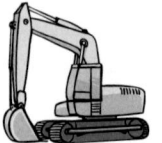

pelleteuse

la pelleteuse

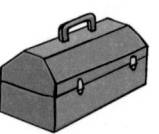

boîte à outils

la boîte à outils

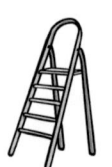

échelle

l'échelle

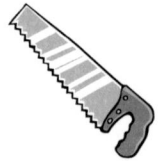

scie

la scie

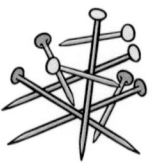

clous

les clous

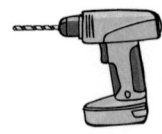

perceuse

la perceuse

réparer

réparer

pelle

la pelle

Mince!

Mince !

pelle

la pelle

pot de peinture

le pot de peinture

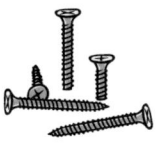

vis

les vis

instruments de musique

les instruments de musique

haut-parleur
le haut-parleurs

batterie
la batterie

guitare
la guitare

contrebasse
la contrebasse

trompette
la trompette

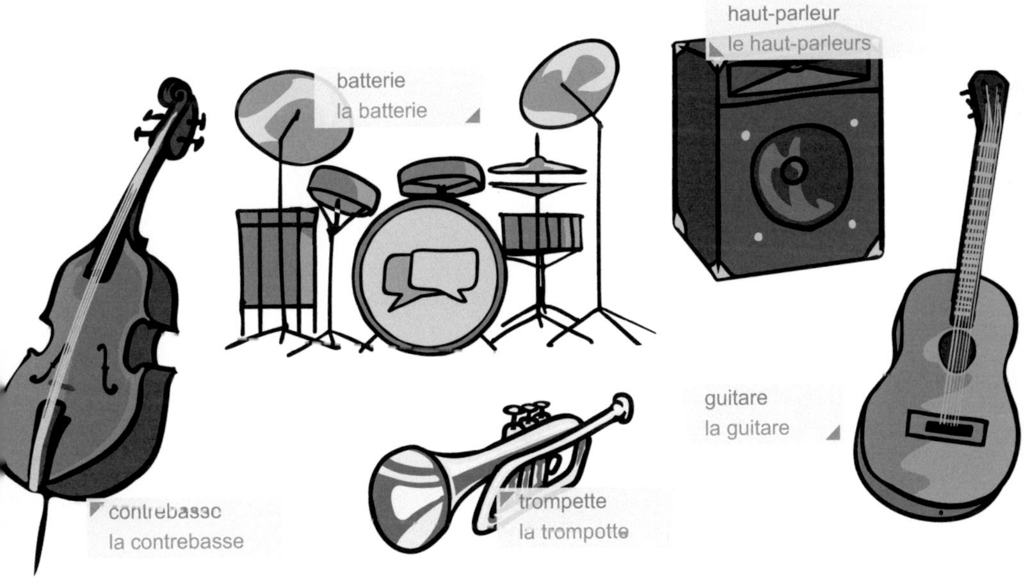

piano

le piano

violon

le violon

basse

la basse

timbales

les timbales

tambour

le tambour

piano électrique

le piano électrique

saxophone

le saxophone

flûte

la flûte

microphone

le microphone

instruments de musique - les instruments de musique

ZOO

le zoo

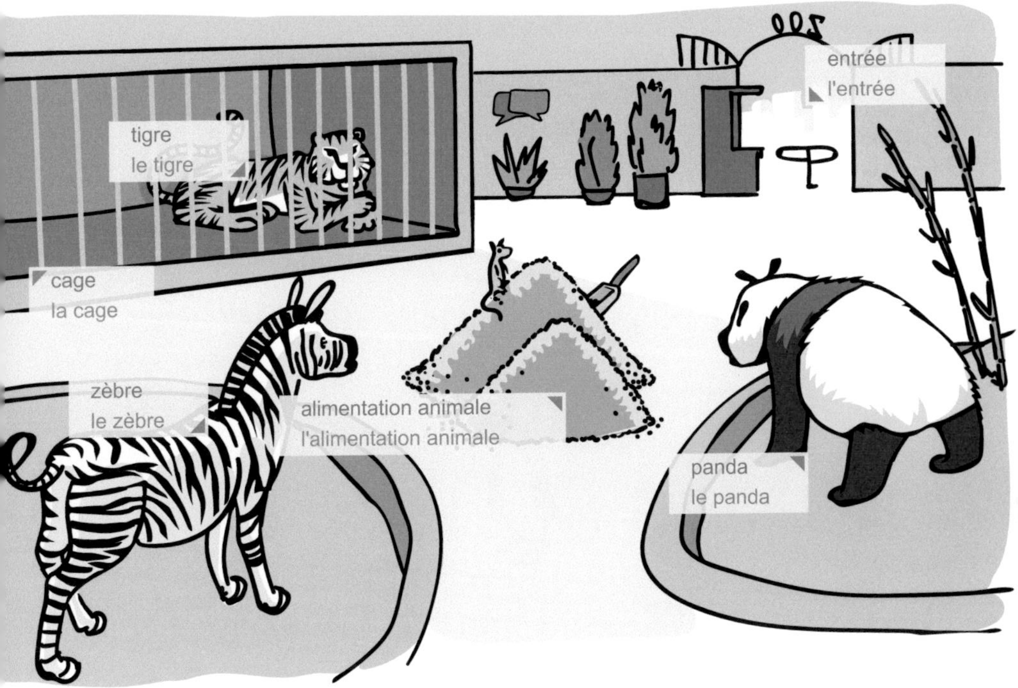
entrée
l'entrée
tigre
le tigre
cage
la cage
zèbre
le zèbre
alimentation animale
l'alimentation animale
panda
le panda

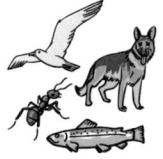

animaux

les animaux

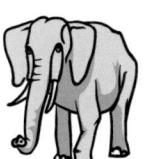

éléphant

l'éléphant

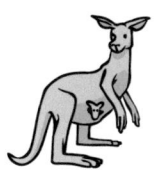

kangourou

le kangourou

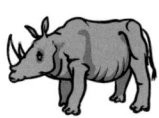

rhinocéros

le rhinocéros

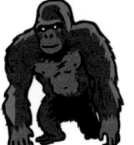

gorille

le gorille

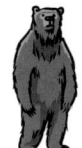

ours

l'ours

chameau
le chameau

autruche
l'autruche

lion
le lion

singe
le singe

flamand rose
le flamand rose

perroquet
le perroquet

ours polaire
l'ours polaire

pingouin
le pingouin

requin
le requin

paon
le paon

serpent
le serpent

crocodile
le crocodile

gardien de zoo
le gardien de zoo

phoque
le phoque

jaguar
le jaguar

poney

le poney

léopard

le léopard

hippopotame

l'hippopotame

girafe

la girafe

aigle

l'aigle

sanglier

le sanglier

poisson

le poisson

tortue

la tortue

morse

le morse

renard

le renard

gazelle

la gazelle

american Football
l'american Football

cyclisme
le cyclisme

tennis
le tennis

basket-ball
le basket-ball

natation
la natation

boxe
la boxe

hockey sur glace
le hockey sur glace

football
le football

badminton
le badminton

athlétisme
l'athlétisme

handball
le handball

ski
le ski

polo
le polo

activités

les activités

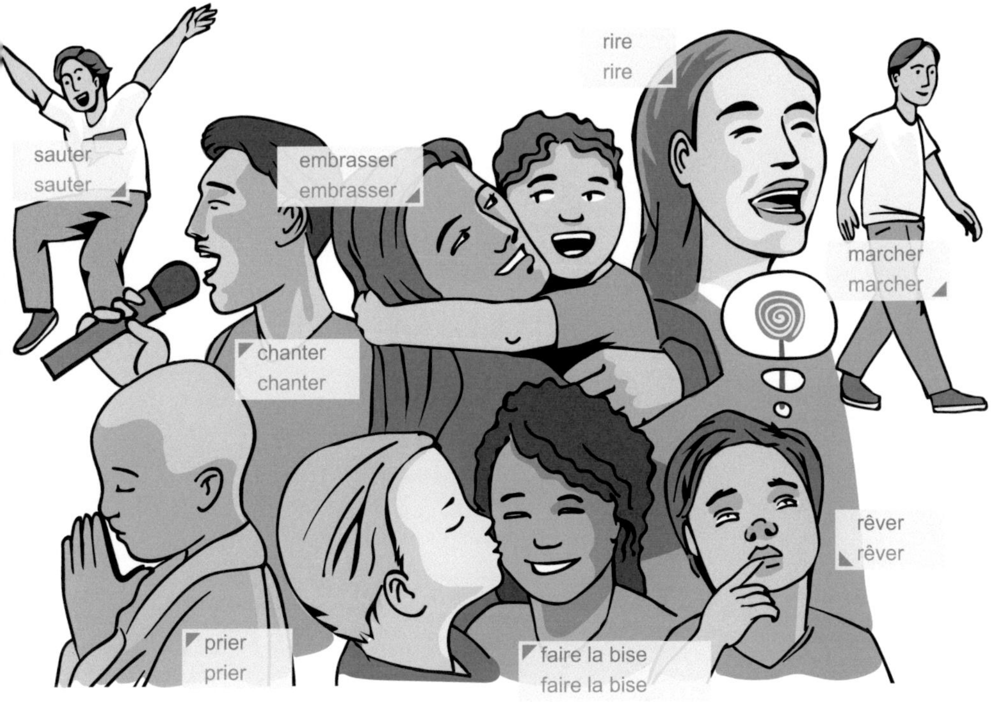
rire
rire
sauter
sauter
embrasser
embrasser
marcher
marcher
chanter
chanter
rêver
rêver
prier
prier
faire la bise
faire la bise

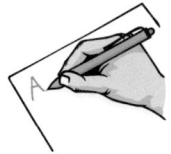

écrire

écrire

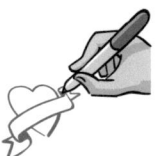

dessiner

dessiner

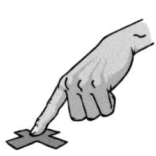

montrer

montrer

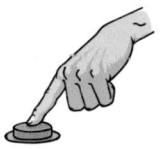

pousser

pousser

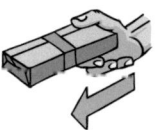

donner

donner

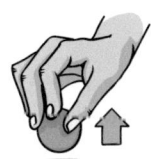

prendre

prendre

avoir

avoir

faire

faire

être

être

être debout

être debout

courir

courir

trier

trier

jeter

jeter

tomber

tomber

être couché

être couché

attendre

attendre

porter

porter

être assis

être assis

s'habiller

s'habiller

dormir

dormir

se réveiller

se réveiller

regarder

regarder

pleurer

pleurer

caresser

caresser

peigner

peigner

parler

parler

comprendre

comprendre

demander

demander

écouter

écouter

boire

boire

manger

manger

ranger

ranger

aimer

aimer

cuire

cuire

conduire

conduire

voler

voler

faire de la voile

faire de la voile

calculer

calculer

lire

lire

apprendre

apprendre

travailler

travailler

se marier

se marier

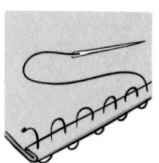

coudre

coudre

se brosser les dents

brosser les dents

tuer

tuer

fumer

fumer

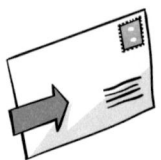

envoyer

envoyer

famille
la famille

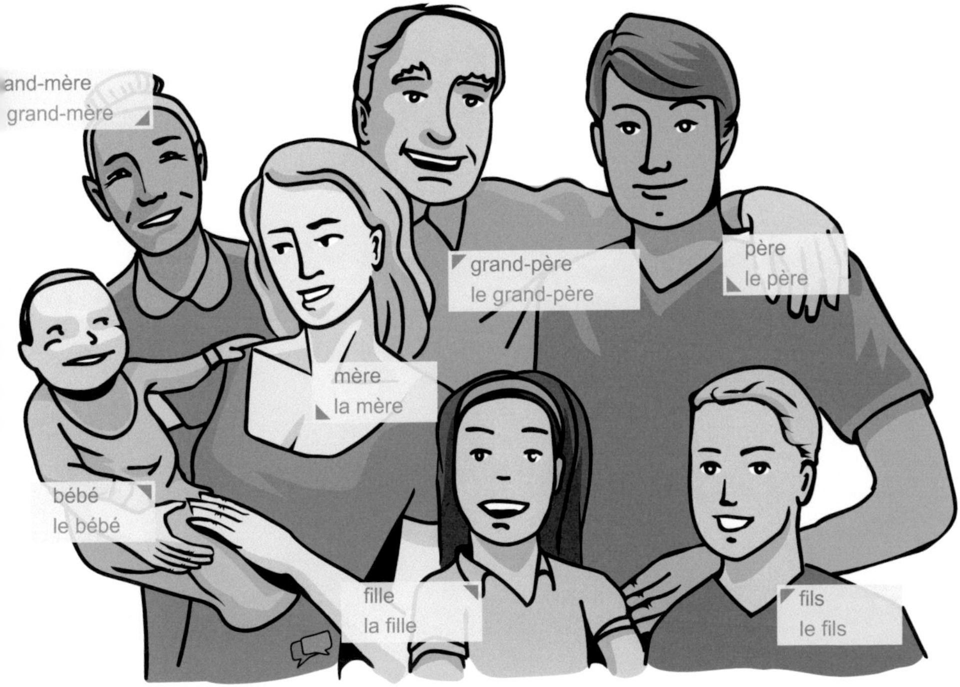

and-mère
grand-mère
grand-père
le grand-père
père
le père
mère
la mère
bébé
le bébé
fille
la fille
fils
le fils

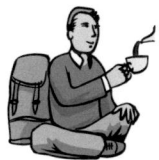

hôte

l'hôte

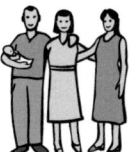

tante

la tante

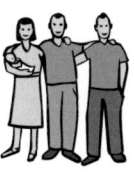

oncle

l'oncle

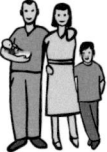

frère

le frère

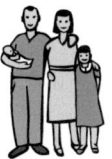

sœur

la sœur

le corps

front
le front
œil
l'œil
visage
le visage
menton
le menton
doigt
le doigt
main
la main
poitrine
la poitrine
bras
le bras
épaule
l'épaule
jambe
la jambe

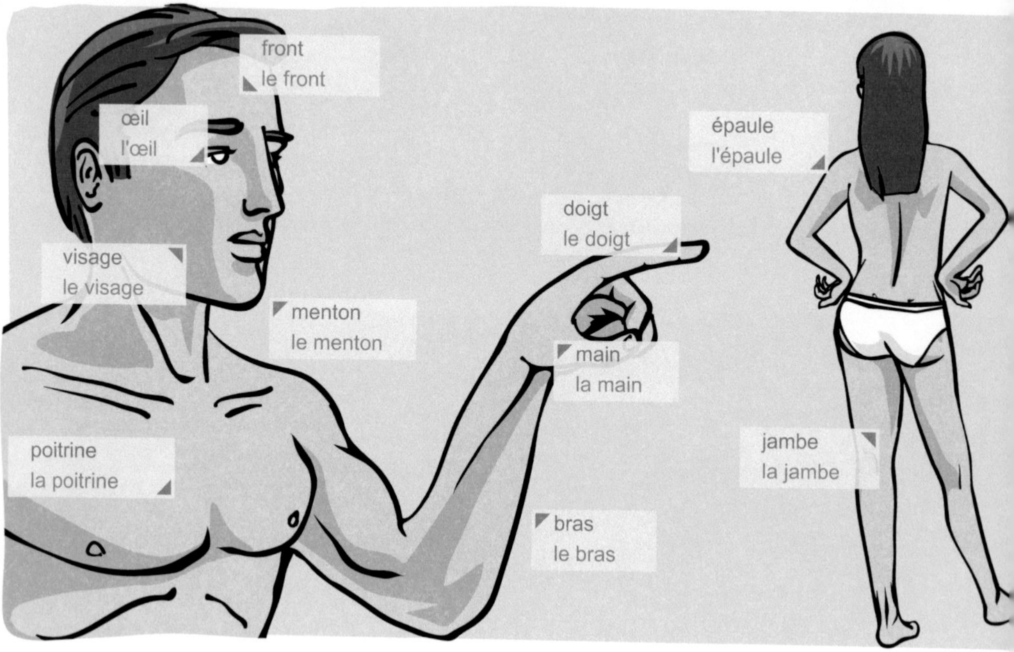

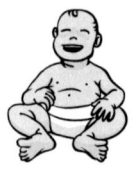

bébé

le bébé

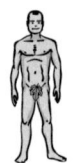

homme

l'homme

femme

la femme

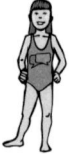

fille

la fille

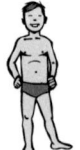

garçon

le garçon

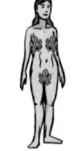

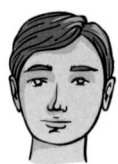

tête

la tête

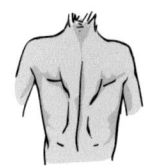

dos

le dos

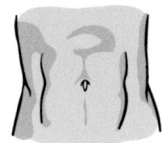

ventre

le ventre

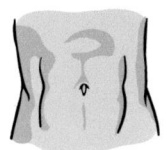

nombril

le nombril

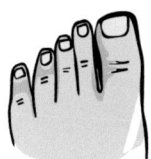

orteil

l'orteil

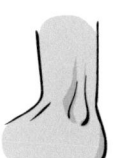

talon

le talon

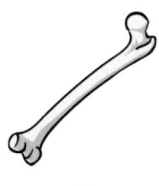

os

l'os

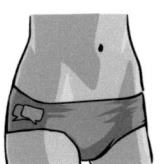

hanche

la hanche

genou

le genou

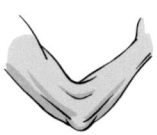

coude

le coude

nez

le nez

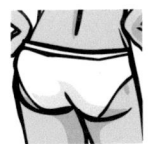

fesses

les fesses

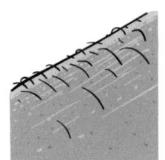

peau

la peau

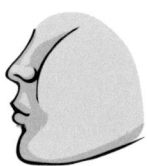

joue

la joue

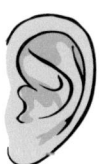

oreille

l'oreille

lèvre

la lèvre

bouche

la bouche

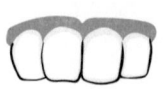

dent

la dent

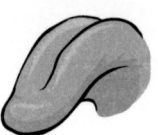

langue

la langue

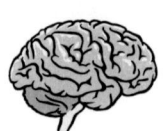

cerveau

le cerveau

cœur

le cœur

muscle

le muscle

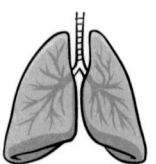

poumons

les poumons

foie

le foie

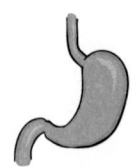

estomac

l'estomac

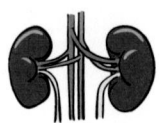

reins

les reins

rapport sexuel

le rapport sexuel

préservatif

le préservatif

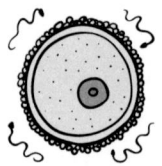

ovule

l'ovule

sperme

le sperme

grossesse

la grossesse

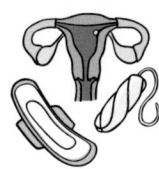

menstruation

la menstruation

vagin

le vagin

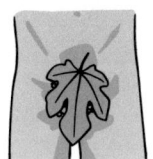

pénis

le pénis

sourcil

le sourcil

cheveux

les cheveux

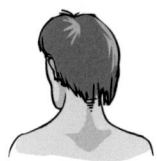

cou

le cou

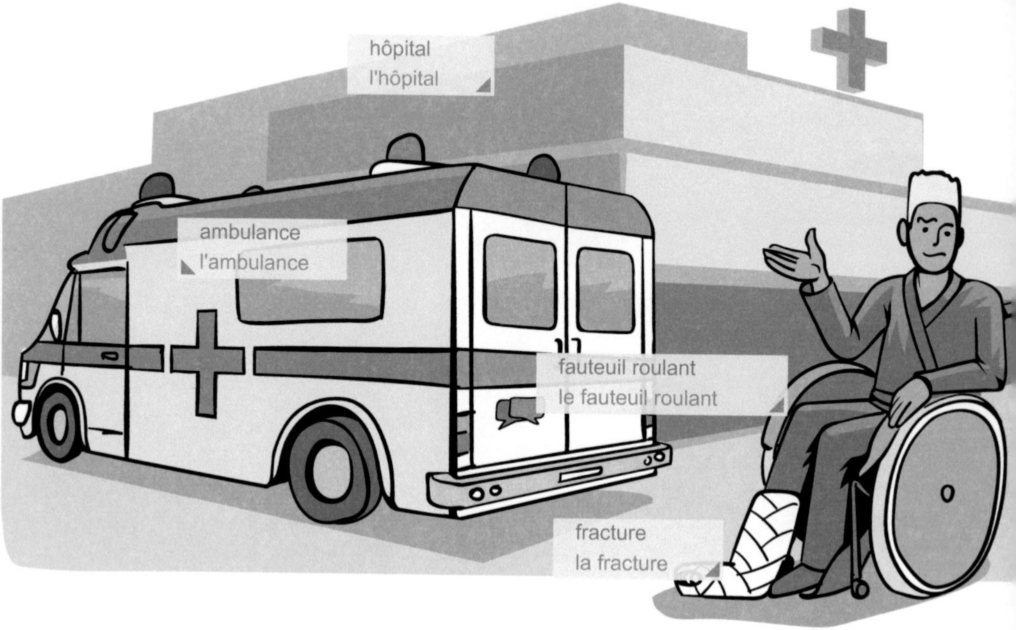

hôpital
l'hôpital

ambulance
l'ambulance

fauteuil roulant
le fauteuil roulant

fracture
la fracture

médecin

le médecin

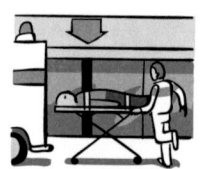

service des urgences

le service des urgences

infirmière

l'infirmière

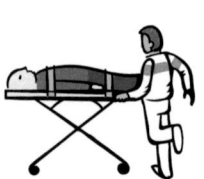

urgence

l'urgence

inconscient

inconscient

douleur

la douleur

blessure

la blessure

hémorragie

l'hémorragie

crise cardiaque

la crise cardiaque

attaque cérébrale

l'attaque cérébrale

allergie

l'allergie

toux

la toux

fièvre

la fièvre

grippe

la grippe

diarrhée

la diarrhée

mal de tête

le mal de tête

cancer

le cancer

diabète

le diabète

chirurgien

le chirurgien

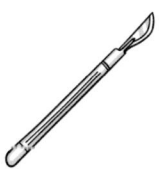

scalpel

le scalpel

opération

l'opération

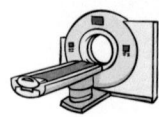

CT
le CT

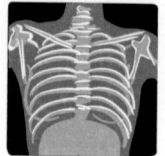

radiographie
la radiographie

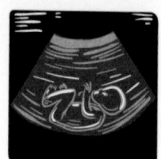

échographie
l'échographie

masque
le masque

maladie
la maladie

salle d'attente
la salle d'attente

béquille
la béquille

pansement
le pansement

pansement
le pansement

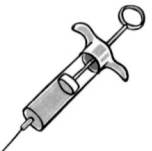

injection
l'injection

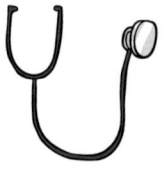

stéthoscope
le stéthoscope

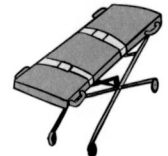

brancard
le brancard

thermomètre
le thermomètre

accouchement
l'accouchement

surpoids
la surcharge pondérale

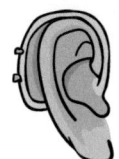

appareil auditif

l'appareil auditif

désinfectant

le désinfectant

infection

l'infection

virus

le virus

VIH / sida

le VIH / le sida

médicament

le médicament

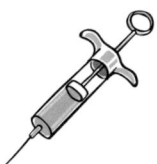

vaccination

la vaccination

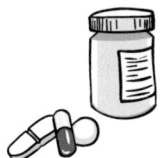

tablettes

les comprimés

pilule

la pilule

appel d'urgence

l'appel d'urgence

tensiomètre

le tensiomètre

malade / sain

malade / sain

hôpital - l'hôpital

Au secours!

Au secours !

agression

l'assaut

attaque

l'attaque

danger

le danger

sortie de secours

la sortie de secours

Au feu!

Au feu!

extincteur

l'extincteur

accident

l'accident

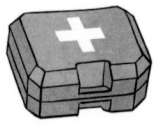

trousse de premier secours

la trousse de premier
secours

SOS

SOS

police

la police

alarme

l'alarme

Europe

l'Europe

Amérique du Nord

l'Amérique du Nord

Amérique du Sud

l'Amérique du Sud

Afrique

l'Afrique

Asie

l'Asie

Australie

l'Australie

Océan atlantique

l'Océan atlantique

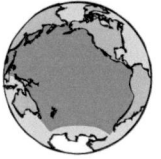

Océan pacifique

l'Océan pacifique

Océan indien

l'Océan indien

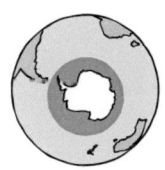

Océan antarctique

l'Océan antarctique

Océan arctique

l'Océan arctique

Pônord

le Pôle nord

Pôsud
le Pôle sud

Antarctique
l'Antarctique

terre
la terre

pays
le pays

mer
la mer

île
l'île

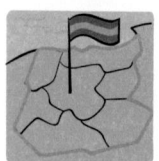

nation
la nation

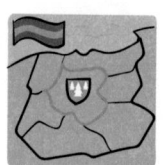

état
l'état

cadran

le cadran

aiguille des heures

l'aiguille des heures

aiguille des minutes

l'aiguille des minutes

aiguille des secondes

l'aiguille des secondes

Quelle heure est-il?

Quelle heure est-il ?

jour

le jour

temps

le temps

maintenant

maintenant

montre digitale

la montre digitale

minute

la minute

heure

l'heure

semaine

la semaine

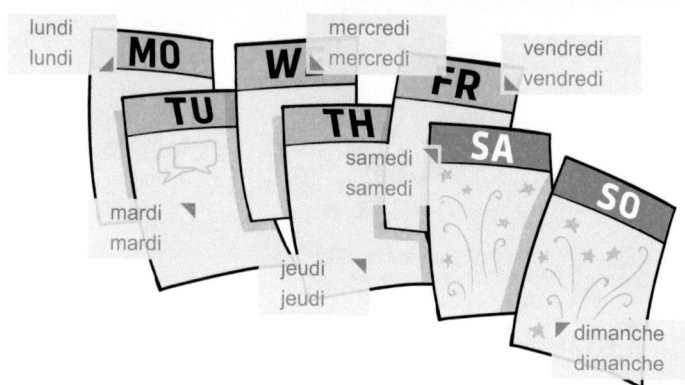

lundi
lundi

mardi
mardi

mercredi
mercredi

jeudi
jeudi

vendredi
vendredi

samedi
samedi

dimanche
dimanche

hier
hier

aujourd'hui
aujourd'hui

demain
demain

matin
le matin

midi
le midi

soir
le soir

MO	TU	WE	TH	FR	SA	SU
1	2	3	4	5	6	7
8	9	10	11	12	13	14
15	16	17	18	19	20	21
22	23	24	25	26	27	28
29	30	31	1	2	3	4

jours ouvrables
les jours ouvrables

MO	TU	WE	TH	FR	SA	SU
1	2	3	4	5	6	7
8	9	10	11	12	13	14
15	16	17	18	19	20	21
22	23	24	25	26	27	28
29	30	31	1	2	3	4

week-end
le week-end

pluie
la pluie

arc-en-ciel
l'arc-en-ciel

neige
la neige

vent
le vent

printemps
le printemps

automne
l'automne

été
l'été

hiver
l'hiver

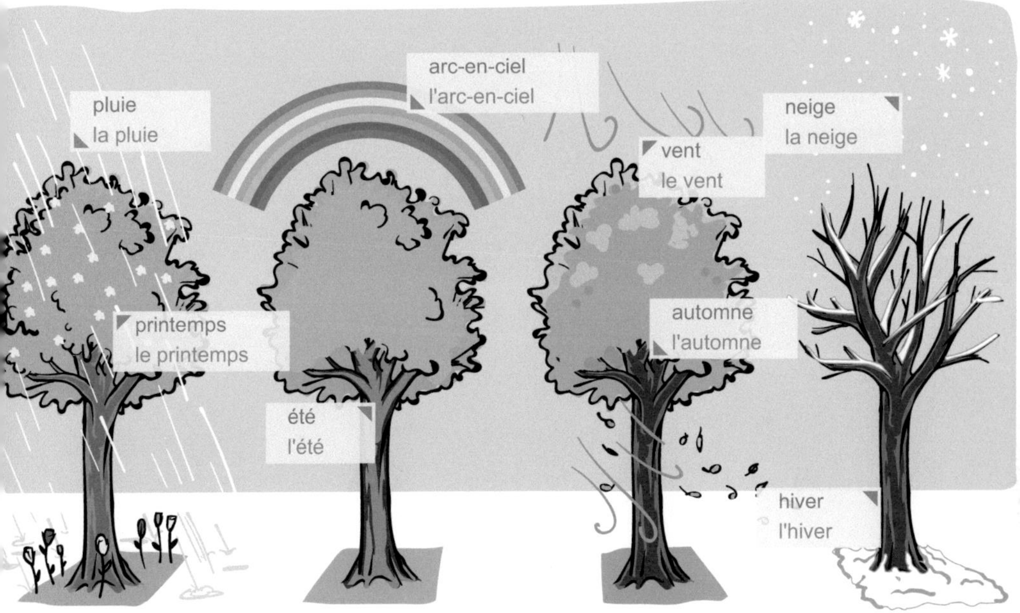

météo

la météo

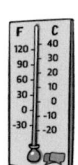

thormomètre

le thermomètre

lumière du soleil

la lumière du soleil

nuage

le nuage

brouillard

le brouillard

humidité

l'humidité

foudre

la foudre

tonnerre

la tonnerre

tempête

la tempête

grêle

la grêle

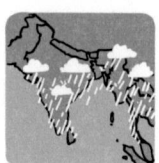

mousson

la mousson

inondation

l'inondation

glace

la glace

janvier

janvier

février

février

mars

mars

avril

avril

mai

mai

juin

juin

juillet

juillet

août

août

année - l'année

septembre

septembre

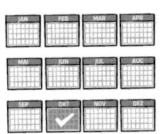

octobre

octobre

novembre

novembre

décembre

décembre

cercle

le cercle

carré

le carré

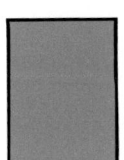

rectangle

le rectangle

triangle

le triangle

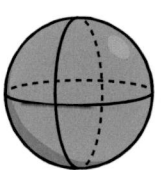

sphère

la sphère

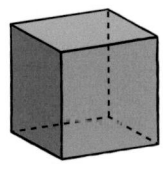

cube

le cube

blanc

blanc

jaune

jaune

orange

orange

rose

rose

rouge

rouge

violet

violet

bleu

bleu

vert

vert

marron

marron

gris

gris

noir

noir

beaucoup / peu

beaucoup / peu

fâché / calme

fâché / calme

joli / laid

joli / laid

début / fin

le début / la fin

grand / petit

grand / petit

clair / obscure

clair / obscure

frère / sœur

frère / soeur

propre / sale

propre / sale

complet / incomplet

complet / incomplet

jour / nuit

le jour / la nuit

mort / vivant

mort / vivant

large / étroit

large / étroit

comestible / incomestible

comestible / incomestible

méchant / gentil

méchant / gentil

excité / ennuyé

excité / ennuyé

gros / mince

gros / mince

premier / dernier

le premier / le dernier

ami / ennemi

l'ami / l'ennemi

plein / vide

plein / vide

dur / souple

dur / souple

lourd / léger

lourd / léger

faim / soif

faim / soif

malade / sain

malade / sain

illégal / légal

illégal / légal

intelligent / stupide

intelligent / stupide

gauche / droite

gauche / droite

proche / loin

proche / loin

oppositions - les oppositions

nouveau / usé

nouveau / usé

rien / quelque chose

rien / quelque chose

vieux / jeune

vieux / jeune

marche / arrêt

marche / arrêt

ouvert / fermé

ouvert / fermé

faible / fort

faible / fort

riche / pauvre

riche / pauvre

correct / incorrect

correct / incorrect

rugueux / lisse

rugueux / lisse

triste / heureux

triste / heureux

court / long

court / long

lent / rapide

lent / rapide

mouillé / sec

mouillé / sec

chaud / froid

chaud / froid

guerre / paix

la guerre / la paix

0

zéro

zéro

1

un

un / une

2

deux

deux

3

trois

trois

4

quatre

quatre

5

cinq

cinq

6

six

six

7

sept

sept

8

huit

huit

9

neuf

neuf

10

dix

dix

11

onze

onze

12

douze
douze

13

treize
treize

14

quatorze
quatorze

15

quinze
quinze

16

seize
seize

17

dix-sept
dix-sept

18

dix-huit
dix-huit

19

dix-neuf
dix-neuf

20

vingt
vingt

100

cent
cent

1.000

mille
mille

1.000.000

million
le million

anglais

l'anglais

anglais américain

l'anglais américain

chinois mandarin

le chinois mandarin

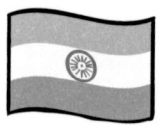

hindi

le hindi

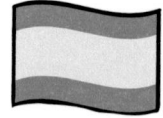

espagnol

l'espagnol

français

le français

arabe

l'arabe

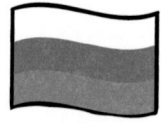

russe

le russe

portugais

le portugais

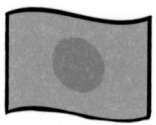

bengali

le bengali

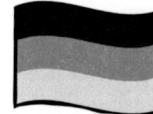

allemand

l'allemand

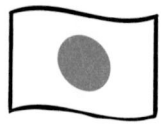

japonais

le japonais

je
je

tu
tu

il / elle
il / elle / ce, c', cela

nous
nous

vous
vous

ils / elles
ils / elles

qui?
Qui ?

quoi?
Quoi ?

comment?
Comment ?

où?
Où ?

quand?
Quand ?

nom
le nom

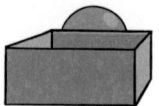

derrière

derrière

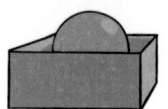

dans

dans

devant

devant

au-dessus

au-dessus

sur

sur

en-dessous

en-dessous

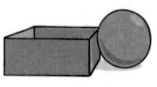

à côté de

à côté de

entre

entre

lieu

le lieu